100세 노인의 시

100세 노인의 시

시산맥 기획시선 105

초판 1쇄 인쇄 | 2023년 07월 05일
초판 1쇄 발행 | 2023년 07월 10일

지은이 김돈식
펴낸이 문정영
펴낸곳 시산맥사
편집주간 김필영
편집위원 신정민 최연수
등록번호 제300-2013-12호
등록일자 2009년 4월 15일
주소 03131 서울특별시 종로구 율곡로 6길 36. 월드오피스텔 1102호
전화 02-764-8722, 010-8894-8722
전자우편 poemmtss@naver.com
시산맥카페 http://cafe.daum.net/poemmtss

ISBN 979-11-6243-386-7 (03810)

값 10,000원

* 이 책은 전부 또는 일부 내용을 재사용하려면 반드시 저작권자와 시산맥사의 동의를 받아야 합니다.
* 이 책은 교보문고와 연계하여 전자북으로 발간되었습니다.
* 본문 페이지에서 한 연이 첫 번째 행에서 시작될 때에는 〈 표기를 합니다.
* 저자의 의도에 따라 작품의 보조 동사와 합성 명사는 띄어쓰기가 달라질 수 있습니다.

100세 노인의 시

김돈식 시집

피천득 선생님과 저자

저자와 여동생 김유식 여사 1

저자와 여동생 김유식 여사 2

김종길 시인과 만남

■ 저자(著者)의 말

  이 詩集을 내 친누이 동생 김유식(金柔植) 여사에게 보내는 것이고 내 마음을 주는 것이다. 나를 지금까지 도와준 고마움을 갚을 길이 없고 백골난망이다. 또 한 분 류병환(柳炳煥) 씨는 나의 이 시집을 출판하는데 전심전력 도와주신 마음, 그 고마움에 심심한 사의(謝意)를 표한다.
  나는 평생 꽃 농사를 지어 詩友는 많지 않고 혜화전문(惠化專門) 다닐 때 사사(師事)하신 무애 양주동(无涯 梁柱東) 선생님, 월탄 박종화(月灘 朴鍾和) 선생님, 연포 이하윤(蓮圃 異河潤) 선생님, 청록파 시인 조지훈(趙芝薰) 선생님, 금아 피천득(琴兒 皮千得) 선생님과 시인 김종길(金宗吉) 씨 하고는 세상 떠날 때까지 문안 인사하였고, 미당 서정주(未堂 徐廷柱) 선생님은 동아일보 신춘문예에서 나의 시(詩)「국말이 집」을 가작(佳作)으로, 한미(韓美)작품 공모전에서「귀촉부(歸蜀賦)」를 추천하여 주셨다. 그 후 연락이 끊어졌다가 미당 선생님이 미국에서 귀국하셨을 때 전화 통화를 하였는데 "나는 시를 쓰다가 내 몸 망쳤다."라고 하셨다. 미당 선생님 작고(作故) 시 그 묘소에 꽃나무를 보냈다.
  여담이지만 무애 선생님은 김종길 시인을 후계자로 마음먹었지만 뜻을 이루지 못했고 김종길 시인은 영문학(英文學)을 전공하였다. 금아(琴兒) 선생님은 과작(寡作)으로 사후(死後) 애송시 한 수 남는다면 족하다고 하셨고, 나는 김종길 시인에게 한시(漢詩)를 많이 배웠다.

사람은 삶은 내 손으로 먹고 입고 자고 할 때까지가 내 삶, 남이 먹여주고 입혀주면 삶이 끝난 것, 살아도 고생 지옥에서 사는 것, 부자유(不自由) 부실한 몸으로 살면 나도 고생 식구들도 고생, 이웃 신세 지고 나라의 보살핌을 받는 것이라 국력을 소모하는 것으로 미안하고 죄송한 일, 백해무익(百害無益)한 삶이라고 생각한다. 하지만 생사(生死)는 내 마음대로 되는 것이 아니다. 지금 우리나라의 출산율(出産率)은 낮고 노인 인구만 증가하여 큰 문제이다. 시내 거리마다 다닥다닥 붙어 있는 빌딩의 점포와 간판을 보면 모두가 삶이 고단하고 어려울 것이라 모두가 행복하게 잘 살기를 염원한다.

우리나라의 대기업가(大企業家)들 불철주야 노력으로 수출을 많이 하여 그 회사의 종업원은 물론 국민들도 그 혜택을 받고 사는 것이다. 그분들이 하느님 부처님이다.

■ 초대시

나도 꽃, 한 송이 꽃

우주에 생명체가 열린 새날
처음으로 피어난 한 송이 꽃

그 꽃들 속에
시인이 앉아 계십니다.

꽃이 사람이고
사람이 꽃인
장엄한 세계에 살고 계십니다.

"꽃 속을 들여다보면
황홀한 세계
억겁의 고요

그 꽃 속에 들어가
한 천년 자고 싶다."

이렇듯 노래하시는

꽃보다 아름다운 꽃이십니다.

꽃향기 가득 품어
마음의 향기로 빛나시는
님이십니다.

故 방혜자 모심.

■ 서시(序詩)

공자님 부처님 예수님

세상일 하늘이 다 내려다보고 있으니
부끄럽지 않게 살라고 하시는
공자님은 도도하고 담담한 모란꽃

저 연꽃 망울은 두 손 모아 합장하는 부처님 모습
꽃이 지면 청옥 구슬을 담은 사리함이 하나
부처님은 연꽃

십자가에 못 박혀 세상 떠난
예수님 험악하고 참혹한 삶은
가시 많은 장미꽃

그래서 공자님은 모란꽃
부처님은 연꽃
예수님은 장미꽃이다

■ 차 례

1부 오늘도 무사히

오늘도 무사히	31
한 송이 꽃	32
구름 아래	33
꽃과 달과 구름	34
발자국	35
빈 배	36
나룻배	37
이야기 상자	38
도토리나무	39
복(福)도 나무	40
눈부신 삶	41
하느님 부처님	42
선행(善行)	43
천당과 지옥	44
일모도원(日暮途遠)	45
첩첩산 첩첩수(疊疊山 疊疊水)	46
남은 시간	47
임종(臨終)	48
산 이야기	49
안심입명(安心立命)	50
공원묘지	51

2부 가화만사성 (家和萬事成)

가화만사성(家和萬事成)	55
금자동아 은자동아	56
하늘만큼 땅만큼	57
오이넝쿨 호박넝쿨	58
닭싸움	59
꽃 그림	60
장날	61
하목(夏木) 나목(裸木)	62
장삼이사(張三李四)	63
분당(盆唐) 할머니	64
물정(物情)	65
자식에게 보내는 편지	66
어느 노인 이야기	68
꽃나무와 장사꾼	69
급수공덕(給水功德)	70
살구	71
복숭아	72
부채	73
추수(秋收)	74
밤 줍기	75
고추잠자리	76

3부 전원일기

잡초 1	79
잡초 2	80
잡초 3	81
잡초 4	82
쑥 이야기	83
밭에 쑥 이야기	84
바랭이	85
신참(新參)나무	86
산밭 세 이랑	87
산골 여인	88
솔개구름은 말고	89
한발(旱魃)	90
반달처럼 반달만큼	91
호미가	92
어부가	93
농부와 어부	94
전지가위	95
꽃나무 타령	96
밀짚모자	98

4부 부처님 오신 날

부처님 오신 날	101
동해 파도	102
백사장	103
으아리 넝쿨	104
꾀꼬리	105
내장산 단풍	106
부처님과 벚꽃나무	107
벚꽃나무 이야기	108
부처님 미소	109
부처님 발바닥	110
석굴암 부처님	111
오체투지(五體投地)	112
만유불성(萬有佛性)	113
사리함(舍利函)	114
원효대사(元曉大師)	115
노스님과 상좌스님	116
금강산 일만이천 봉	117
돈담무심(頓淡無心)	118

5부 연꽃 모란꽃

연꽃 망울	121
낮에 본 연꽃	122
연꽃 개안(開眼)	123
설산(雪山)	124
백합(百合)	125
백련(白蓮)	126
꽃 사랑	127
지는 모란꽃	128
모란꽃 이슬	129
백목단(白牧丹) 비익조(比翼鳥)	130
눈부신 모란	131
백모란의 연분홍	132
모란꽃 이야기	133
모란꽃 김을 매면서	134
극락왕생	135
모란과 맹인(盲人)	136

6부 사랑을 달로 말하면

임도 산이다	139
사랑을 달로 말하면	140
조끼와 단추	141
부창부수(夫唱婦隨)	142
꿈으로 오지 말고	143
내 꿈은 사공이 싣고	144
까치집	145
오디	146
오동나무	147
사랑도 장미꽃	148
입맛	149
거시기 거시기	150
감자전	151
저녁 국수	152
대추씨	153
감	154
할매와 산소	155
할아버지와 소와 산	156

7부 동해(東海) 앞에서

동해 앞에서	159
풀잎피리	160
은행잎	161
단풍	162
머루 다래 넝쿨	163
이심전심(以心傳心)	164
혼돈과 정돈	165
생화(生花)와 조화(造花)	166
망향가(望鄉歌)	167
윷판 윷놀이	168
벌들의 노래	169
공자님 부처님 예수님	170
물오리	171
백로(白鷺)	172
민들레꽃	173
댕강나무	174
채송화	175
해당화	176
양귀비꽃	177
목련(木蓮)	178
귀촉부(歸蜀賦)	180

8부 달과 구름

나비와 꽃	183
살생유택(殺生有擇)	184
달과 구름	186
인생살이 Ⅰ	187
인생살이 Ⅱ	188
어느 여인 이야기	189
주는 마음 받는 마음	190

1부 오늘도 무사히

오늘도 무사히

해가 지면 새들도 짝지어
보금자리 돌아가고

사람들도 집에 와서
식구들 얼굴 보며
저녁밥을 먹는다

그러면서 무사히 끝난
오늘이 고마웁다

오늘뿐이랴
날마다 날마다
오늘 무사히
두 손 모아 기도를 한다

한 송이 꽃

마당 가에 핀 꽃
내가 보지 않으면 저도 나를 보지 않는다

내가 보면
그제서야 저도 나를 본다

비단 꽃뿐이랴
세상만사 다 사랑이다

내가 사랑하면 저도 나를 사랑하며
동심동체(同心同體) 한 몸 하나가 된다

구름 아래

구름 아래 밭 갈고
구름 아래 나물 먹고 물 마시며
구름 아래 길게 누워

누공(屢空)이라
쌀 항아리에 쌀이 떨어져도
태연자약한
옛 선비의
그 안빈낙도가 존경스럽다

꽃과 달과 구름

사람도 꽃 피고 지고
사람도 달 차고 기울고
사람도 한 조각 떠돌이 구름
모두가 다들 자기 생긴 대로
자기 일을 하면서
자기 삶을 사는 것이다

발자국

동해안 백사장에
내 발자국 네 발자국
오고 간 사람들의
무수한 발자국들
동 또렷이 한 줄로 이어져 있어도
파도 들고 나며 흔적이 없이
백사장엔 남은 것은 물소리뿐
어제도 오늘도
파도소리 물소리뿐이로다

빈 배

백사장에 빈 배 한 척
저도 누구를 기다리는지
아니면 내일 떠날 항해를 꿈꾸고 있는지
저 멀리 지평선만
바라다보고 있다

하지만 그 배가 어쩌면
나인지도 몰라

하늘에는 어지러이
갈매기 날고

명사십리 백사장엔
빨간 해당화꽃이 피고 있었다

나룻배

배는 노를 저어 가고
나는 지팡이로 간다

내 지팡이가 노라면
나도 나룻배

그 배 임 만나러 가는 것이 아니고
명산대천 유람선도 아니고

저승 가는 배
나도 내일모레 신선이 된다

이야기 상자

사람의 몸집 몸통은
밥그릇 밥주머니

인생의 삶 애환을 담은
이야기 상자
한 권의 소설책
영구차 타고 화장장 가서

그 높은 굴뚝에서
파란 연기 되어
하늘 올라간다

도토리나무

산과 들녘
곳곳이 서 있는 도토리나무

풍년에는 도토리 적게 나고
흉년에는 도토리 많이 열어

삼동 추운 겨울
배고픈 사람들 양식이 되는
참 마음 착한 도토리나무

순이야 죽어 도토리나무 되지 않을래
아니면 도토리나무 아래 묻혀
그 밑거름이 되는 것이다

복(福)도 나무

아침에 오이를 보냈더니
저녁에 감자가 왔다
주었다고 없어지는 것이 아니고
주었어도 내 것

내가 한 일은 내 것
내게서 나간 것은 다 내 것
세상에 남의 일은 없다
살다 보면 모든 것이 언젠가는 내 일이다

그 복(福)도 나무, 심으면 꽃 피고 열매 맺고
낙락장송처럼 자란다

눈부신 삶

하늘 나는 새는 날개가 있고
물고기는 비늘 지느러미를 달고
털 가진 짐승은 네 발로
모두가 자기 생긴 대로
자기 삶을 살면서
아들 낳고 딸 낳고
희희낙락
눈부신 삶을 사는 것이다

하느님 부처님

사람들은 하느님 부처님 믿고
두 손 모아 합장하고 기도하면서
복을 주십사 하고 조른다

어린아이들이 아빠 엄마 보고
과자 사탕 사달라고 하면 들어 주듯
하느님과 부처님도 알게 모르게
이것저것 도와주신다

그런 것 생각하면
하느님과 부처님도 우리와 한 식구
밤낮없이 언제나 같이 사는 것이다

선행(善行)

침모(針母)가 남의 옷 만들 때
저고리가 마음 맞게 잘되면
이 사람은 참 선(善)한 사람이구나 하고

지관(地官)이 묫자리 잡을 때
쉽게 좋은 자리 만나면
망인이 착하게 살았구나 한다

풍수의 대가 남사고(南師古)가
어머님 묘를 아홉 번이나 옮겼어도 좋은 자리 얻지 못해
어머니가 덕을 쌓지 못해서 그런 것이라 한탄하고
관상쟁이가 나이 오십에
죽는다고 했지만 장수하면
그것은 큰 음덕을 쌓았기 때문이라고 하니
사람 평생 하는 일 마음 씀이
착하고 넉넉하고 예뻐야 한다

천당과 지옥

내가 좋은 일을 하면 즐겁고
그 마음도 천당
내가 나쁜 일 험한 일을 하면 괴로워
그 마음도 지옥
천당과 지옥은 죽어서
가는 곳이 아니고
살아 생존 그 시 그 시
한 일 따라
그 마음 천당에서 살고 지옥에서 사는 것
그래서 공자님은 선행하면
하늘이 복을 주시고
못된 짓 욕먹을 짓을 하면
내가 재앙을 부른다고 하셨다

일모도원(日暮途遠)

인생살이는 풀꽃의 이슬
초로인생(草露人生)
그 삶 달고 짜고 시고 떫고 쓰고 매운 것
하지만 여기 가고 저기 가서
이것 보고 저것 보고 이 일 저 일 다 했어도
한 것이 없이 일모도원(日暮途遠)이라
서산마루 해가 지고
날이 저물었어요

첩첩산 첩첩수(疊疊山 疊疊水)

나한(羅漢)도 모래 먹는 나한이 있고
신(神)도 나를 내버리는 신이 있고
나를 도와주는 신이 있다
그래서 산 너머엔 趙 서방 물 건너엔 千 서방
너도 살고 나도 살고
하는 일 매사 일사불란 일사천리는 없고
일마다 우여곡절이 있고 호사다마(好事多魔)라
인생살이는 첩첩산 첩첩수

남은 시간

해가 서산마루 가까이 왔다
해와 서산마루 그 사이 그 거리가
10미터 안팎
내 삶 남은 것도 그쯤
지금 나는 앵두나무의 빨간 앵두 알
톡 건드리면 떨어질 것
그러면 나도 근심 걱정 없는 영생을 산다

임종(臨終)

내가 어렵게 살아
갈 때는 가벼운 풀 이슬로 가는 것
가는 곳이 어딘지
하얀 구름 흰 구름 따라간다
때마침 꽃 좋고 달 밝은 밤이면 달빛 아래
어디선가 들려오는 그 피리 소리 타고
꽃잎처럼 꽃향기 풍기면서 가는 것이다

산 이야기

앞산 뒷산 손에 손잡고
한 줄 길게 길게 이어져 오고 이어져 가는 산
무슨 볼일이 있어 가는 것인지
누구 만나러 갔다 만나고 오는 것인지
알 수 없는 산
그 산 노루 토끼와 사슴
여우 이리 늑대 멧돼지
갖가지 짐승들 다 같이 살고
무시로 눈비 오고 바람 부는 산
사람도 한 개의 산
크고 작은 산봉우리다

안심입명(安心立命)

내 마음대로 여기 가고 저기 가면 천당 사는 것
남이 먹여주고 입혀주면 내 삶이 끝난 것 지옥살이다
오래 살면 욕이고 나도 고생 식구들도 고생
하지만 죽고 사는 것 내 맘대로 되는 것이 아니다

사는 것도 복이지만 죽는 것도 복
긴 병 앓지 않고 안방에서 건넛방 가듯
벌 나비 꽃에 앉았다 사뿐 날아가듯
깨끗한 그런 마무리라면 세상 사람들
모두가 간절히 바라는 것
상의 상복 받은 삶이다

공원묘지

친구가 자고 있는
공원묘지에 왔다

엊그제 사나운 비바람에
산소 앞 꽃병이 넘어지고 쓰러진 것이 있어
그 꽃병 바로 세우고
꽃을 가지런히 꽂아 두었다

그러면 인연은 산 사람뿐이 아니고
내가 모르는 망인하고도 인연이 닿아 있는 것이라
그동안 내가 살면서 내 살 스치고 닿은 것들
인연 아닌 것이 없다

2부 가화만사성(家和萬事成)

가화만사성(家和萬事成)

만발한 벚꽃
윗가지의 꽃은 아래 가지의 꽃을 어여삐 내려다보고
아래 가지의 꽃은 윗가지 꽃을 곱다시 쳐다본다
너무 쳐다보지 말아요 고개 아파요
서로 아끼고 사랑한다 화기애애(和氣靄靄) 눈이 부시다
나라 살림도 우순풍조(雨順風調) 시화연풍(時和年豐)
민초들 화합하고 합심한다면
국태민안(國泰民安) 태평성대를 사는 것이다

금자동아 은자동아

아버지가 새근새근 잠자는
아가 얼굴 들여다본다
그 얼굴 언제 봐도 예쁘고 귀엽다

그 아이 커서 무슨 일
어떤 일을 할지 몰라도
그것은 그때 가서의 일

지금은 눈에 넣어도
아프지 않은
금자동아 은자동이다

하늘만큼 땅만큼

동물원에서
아버지가 어린 것을
무동(舞童) 태우고
사자 코끼리 보면서
너도 내가 좋으냐?
얼마만큼 좋으냐고 묻는다
아들이 저 하늘만큼 땅만큼
좋다고 한다
세상일은 알 수가 없다
아버지가 늙어 죽도록
아들의 이런 말을 들을 수 있다면
행복한 삶이다

오이넝쿨 호박넝쿨

오이넝쿨 호박넝쿨
홀몸일 때는 몸이 가벼워
황새 백로 걸음으로 빠르지만
새끼들 주렁주렁 달린 것이 있으면
참새 뱁새처럼
종종걸음으로 가는 길이 더디다
식물들도 딸린 것이 많으면
힘들고 고생이다

닭싸움

닭장에서 수탉이
암탉 등에 올라타고 있다
닭들이 싸운다고 어린 것이
작대기 들고 말리러 간다

그냥 내버려 두어라
그 싸움은 곧 끝이 난다
너도 크면 닭들이
왜 싸웠는지 알 것이다

꽃 그림

아이들 꽃 그림에
꽃을 둘러
소꿉 신발이 있다
그 신발은 벌과 나비들
꽃 속으로 들어갈 때
벗어 놓은 것이라고 한다

또 다른 꽃 그림엔
소꿉 배가 있다
그 배는 벌 나비 손님들을
실어 나르는 배라고 한다

아이들은 천진난만
그 마음은 하늘의 천사
벌 나비도 신발이 있고
꽃도 나룻배가 있다
부자다

장날

장날 물건을 사려는데
좌판 아저씨
점심 우동을 먹고 있다
그래서 자리를 피해
저만치 떨어져서 지켜보다가
식사 끝나는 것 보고 가서 간다
그것은 내가 어렸을 때
아버지가 한 일을 보고 배운 것이다

하목(夏木) 나목(裸木)

아버지 살림이 넉넉하면
아버지는 여름 나무 그늘이 있어
자식들 자주 찾아오고

아버지의 삶이 고단하면
겨울날의 앙상한 나목(裸木)
자식들 빈손으로 갈 수가 없어
드문드문 찾아온다

그래서 빈손은 차갑고 답답하고 서럽다
하지만 빈손이라 서러운 것 아니다
빈손이라 그 두 손 모아 하느님 부처님께
기도하며 복을 빌고
반가운 친구나 떠나 사는 가족들을 만나면
끌어안고 얼싸안고 잔등 두드려 준다
그럴 때는 그 빈손보다 더 큰 사랑은 없다

장삼이사(張三李四)

장삼의 아들
땅을 팔고는 괴로워서 잠을 못 잔다
밤새도록 우는 개구리 소리가 꾸짖는 것 같고
하늘에 계신 부모님도 내려다보시고
마음 아파하실 것 죄송하지만
사업 확장에 쓰려는 것이라 어쩔 수 없고

이사의 아들
땅을 팔고 좋아서 잠을 못 잔다
집도 새로 짓고 새 차도 사야 하고
이것저것 하고 싶은 일들이 많아
날이 새는 줄을 모른다
그 돈 다 쓰면 또 산 너머 논밭 하나 팔면 되고
마음이 천상천하 만사태평이다
이런 자식 저런 자식이 있다

분당(盆唐) 할머니

길가 가로수 아래
우산 받쳐놓고 떡을 파는 할머니

떡이 맛있어 온다니까
그런 말 하지 마세요
소문이 나면 시새움을 받을까
걱정한다

떡도 내일 먹을 것은 내일 사라고
내 떡 맛이 없어진다고 팔지 않는다

할머니는 그 하는 일 그 마음 씀
세상을 살얼음 칼날 밟듯 조심조심
빈틈없이 살아 자수성가하신 분
본받을 분이시다

물정(物情)

돈은 역마살이 끼여서
어디든 간다

한군데 오래 머물지 않고
훌쩍 떠난다

갖고 있으면 소리 나고
그냥 놔두면 남의 것

수건 쓰고 두 손 호호 불고 번 것을
글 배운 갓쟁이가 다 쓴다

세상 물정은
다 저 갈 곳이 있다
영원이 내 것은 없다

자식에게 보내는 편지

나는 나이 먹어도 상관없지만
너희들도 벌써 머리가 희었구나
세월이 내게만 있는 것 아니고
너희들에게도 사정없이 따라왔구나

그래서 옛날 노래자(老萊子)는
그 나이 70살 먹었어도
색동저고리 입고
어린애처럼 네발로 기어
부모님의 마음을 즐겁게 했다

하지만 그것이 무슨 소용이 있나
한번 먹은 나이
내버릴 수도 없고
그냥 준다고 해도 가져가는 사람이 없다

지금은 밤
부슬부슬 비가 온다
사방이 적막하고 쓸쓸하다
〈

나는 사무사(事無事) 건강하지만
자식들은 탈이나 병이 없어야 한다
그래서 순서대로
내가 먼저 가는 것이다

내가 간절히 바라는 것은
너희들은 부디부디 더 늙지 말고
나 죽은 뒤에 네 마음대로 늙어라

어느 노인 이야기

꾸어 간 돈 갚지 않고
내일 내일 미루면서 피해 다니면
전혀 갚을 생각이 없는 사람이다

내 아버지 할아버지
대대로 내려오면서
남의 돈 잡수신 분 없지 않을 것

그때 진 빚을 지금 내가
갚는 것이라고 생각을 하며
고얀 마음 가셔져 마음 편하다

꽃나무와 장사꾼

金氏의 아들
장사꾼이 와서 영산홍 꽃나무를 팔라고 한다
아버지가 애지중지 사랑하신 나무라 팔 수 없다고 한다
돈을 많이 준다고 해도 팔지 않는다

李氏의 아들
장사꾼이 나무 사겠다고 한다
귀가 번쩍 뜨이고 반갑다
아버지가 생존 시 아끼고 좋아하던 나무지만
그런 것 상관이 없다
돈을 받고는 곧바로 읍내로 가서
다방에 들렸다가 당구장에 간다

朴氏의 아들
장사꾼이 나무 사겠다고 왔다
아버지가 지극히 사랑하셨지만
아들 대학 등록금 때문에 어쩔 수 없이 판다
그 나무 어루만지고 서울 부잣집 가서 잘 살라고 하면서
그 나무 차에 실려 떠날 때까지 지켜본다
장사꾼이 내게 들려준 이야기

급수공덕(給水功德)

내가 좋은 일을 할 때는
천당이 있어 좋고
내가 나쁜 일 좋지 못한 일을 했을 때는
지옥이 없으면 좋겠다

회심곡에 보면 공덕의 가지 수가 많다
나는 꽃나무를 가꾸면서 수십 년
목마른 나무에 물을 주었으니

내가 행한 급수공덕이
염라대왕 업 거울에도 역력히 나타나서
나는 어쩌면 지옥행은 면할 것이라

하지만 걱정이다
내 자식들은
그동안 어떤 삶을 살았고 무슨 일을 했는지 몰라
지옥이 없는 것이 좋겠다

살구

살구가 익었다
친구 생각이 나서 갖다준다
즐겁다
부담이나 책임이 없어 좋다
만나면 손을 흔들고
헤어질 때 손을 흔들고
사무사(事無事) 무소식이 희소식
오고 가며 소리 나지 않게 사는 것이다

복숭아

선물로 복숭아가 들어왔다
먹지 않고 냉장고에 넣어 둔다
내일모레 아들이 온다고 해서 주려는 것
내가 먹지 않아도 먹은 것처럼 배부르고 흐뭇하다
사랑이 그런 것 고마운 삶이다

부채

겨우내 눈 딱 감고
잠자던 부채
여름이 되자 고이 접어든
부챗살 펼치자
학 두루미가 되어 날아가
서늘한 바람 싣고 오고
산골짜기 물소리와
아스라이 먼 바닷바람도 한줄기 모시고 온다
고마운 부채 내 친구
한여름 같이 지낼 것이다

추수(秋收)

콩 타작 팥 타작 녹두 메밀 타작
어머니가 이것저것 조금씩 조금씩 나눠 주신다
내 마음에 남겨 둔 것 없이
다 꺼내 주고 쏟아 준다
몽땅 내 사랑이다

밤 줍기

산행(山行)하다
밤나무 아래 떨어진 밤을 줍는다
다 줍고 돌아섰는데
또 툭 떨어진다
하지만 그 밤알 줍는 사람이 있고
산 짐승이 있어 그냥 두고 온다
그 마음 너도나도 다 같이 사는
따뜻한 사랑이다

고추잠자리

짱아 짱아 잠자리
빨간 고추잠자리
너도나도 날아와서
가시 철망에 앉아
예수님의 사랑
예수님의 십자가를 걸어놓는다
그러면서 그 가시로
그 누구든 마음 아프게
찌르지 말라고 하는 것
착하게 살라는 것이다

3부 전원일기

잡초 1

김을 매면서
바랭이 달개비 메 쑥 망초
너희들은 여기가 있을 자리 아니라고
다 뽑아버린다
미안하지만 별수가 없다
생존경쟁이다

잡초 2

긴 장마에 풀 속에 든 꽃나무들
고생이 많다
나를 보고 욕하겠지?
내가 열심히 풀을 뽑아 주었다
그것들은 내가 고마운 관세음보살이다
하지만 쫓겨난 잡초들은
나를 저승사자
백 년 원수로 생각할 것이다

잡초 3

날이 가물어
꽃나무들이 시들시들 마른다
물을 주니 금시 생기가 돌아 청청하다
야 너희들도 좋으냐
나도 좋다

긴 장마에 꽃나무들 잡초에 파묻혀 고생이 많다
새벽부터 김을 매주니
이발하고 목욕한 듯 깨끗하다
내가 좋으면
너희들도 좋지

우리가 남인가?
우리는 한집 한식구다

잡초 4

김매다가
잘못해서 꽃나무를
부러트렸다
아얏 놀라 소리 지른다
밭머리에 쫓겨난 잡초들이
그것참 잘 됐다고 손뼉 치고 고소해한다

쑥 이야기

엄마 엄마
주인아저씨 우리에게도 물을 주니 고마운 일
하지만 너는 모른다

꽃나무에 주는 물은 생명수이지만
우리에게 주는 물은 김매기 좋게
땅을 적셔 주는 것이다
우리에게는 사약(賜藥)이다

같은 물이지만 나무에 따라 행불행
생사의 갈림길이 있다

밭에 쑥 이야기

호미 소리가 점점 가까이 온다
이제 우리의 운명도 끝이다
밭이랑의 자리잡은 한 무리의 쑥들이 비탄에 잠겨 있다
아빠 쑥이 어린싹을 보고 하는 말
너는 몸뚱이가 작아 능히 피할 수 있다 꼭꼭 숨어라
우리 모두 두 손 모아 신에게 너의 가호(加護)를 빈다
땅속 샅샅이 파헤쳐졌다 하지만 어린 싹이 보이지 않는다
식구들이 안심을 한다
천만다행 우리의 손(孫)이 끊이지 않겠구나
안도의 숨을 쉬며
뜨거운 햇볕 아래 서서히 말라간다

바랭이

김매면서 바랭이를 뽑으니
그 산발한 뿌리가 험악하고 무섭다

저도 나만 혼자 당할 수 없다고
옆에 있는 어린 꽃나무를
움켜쥐고 나온다

괘씸한 것 어린 꽃나무는 빼앗아 심고
그 바랭이는 빨리 말라 죽으라고
뙤약볕에 내던진다

신참(新參)나무

나는 나무들이 이야기하는 소리 들었다
엊그제 새로 들어온 신참(新參)나무가
고참(古參)나무에게 묻는 말
오늘 물 준 사람이 주인이시죠?
너 어떻게 아니?
그분이 물 주는 것을 보면
천천히 찬찬히 주며
이것저것 마음 쓰는 것 보고 알았다고 한다
식물들도 사람 마음 내 마음을 알고 있다
옛날부터 밭에 심은 것들 오이 참외 감자 호박
모두가 사람 목소리 발자국 소리 들으면서
안심하고 자란다고 한다

산밭 세 이랑

산밭 세 이랑
벌 나비 날고
개미들이 바쁘게 돌아다니고
메뚜기는 펄펄 뛰고
개구리는 오줌 싸며 도망가고
달팽이는 무거운 짐 지고
어디론지 이사 가고 있다
뱀 구렁이도 슬슬 돌아다닌다
여기 심은 것만 내 것
그 밖은 너도나도
모두가 공생공존 하는
지구 땅덩어리다

산골 여인

구름은 종 달아서
산 넘어가라

폭양에 김을 매는 여인이 있어
더울세라

그 여인 뜨거운 햇살 가려주는
차일(遮日)이 되오

바람은 자로 자로
산골로 가라

들녘에서 소 꼴 베는 여인이 있어
바쁠세라

그 여인 땀방울을 덜어 주는
부채가 되오

솔개구름은 말고

여름날 김매면서 하늘을 쳐다본다
솔개구름 사발구름은 그늘이 없고
고래등 궁궐 같은 구름은
그늘이 깊고 커서 좋다

그 구름 온다고 해도
나그네 구름이 아니고
내 정든 임 되어
내가 김매는 밭이랑에
하루 종일 머물다 가오

한발(旱魃)

날이 가물어 나무들이 바삭바삭 마른다
물주기에 바쁘다

아들 며느리가 온다고 전화가 왔다
맛있는 것 가지고 오겠지

하지만 그런 것보다 논밭 흥건하게 적셔 주는
비구름 몰고 오면 더욱 좋겠다

반달처럼 반달만큼

밭에서 일하다 보면 참이 되어서
반달처럼 밥 광주리가 둥둥 떠온다
그러면 일손을 놓고 쉬면서
먹고 마시며 담배 한 대 피운다

모를 내다보면 서 마지기 논이 반달만큼 남았다
곧 일이 끝날 것
마음은 벌써 석양 석로 내 집을 향해 가고 있다

농사일은 가을 추석 보름달 정월 보름달이 좋지만
일할 때는 반달처럼 반달만큼 그 반달도 반갑고 고맙다

호미가

아리내 한수 배 가듯 김을 맨다
사방은 조용하고 호미 소리뿐
이따금 호미 날과 돌이 부딪쳐 불꽃이 인다

저 밭머리 숲속에서 꾀꼬리가 운다
"안녕하세요. 왜 할머니 혼자 김을 매세요?"
할배는 지난겨울 세상 떠났다
"혼자 살지"

해가 서산마루 산봉에 걸려 있다
어둠살이 마을로 내려오고 있다
쇠털처럼 많은 날 오늘 다 못하면 쉬고
내일 또 와서 일을 하는 것이라
손을 씻는다

어부가

어부가 바다에
그물을 던지면서
오늘은 얼마나 잡힐지
또 바다에 던진 그물 끌어 올리면서
만선을 바라지만 욕심 내서는 안 되고

날마다 잡는 물고기
용왕님이 주는 대로 받아 온다
어부의 삶은
용왕님이 하느님이다

농부와 어부

농사일은
종달새 나는 들녘
소 끌고 나가 일하다
저녁에는 무사히 집으로 돌아온다
풍랑풍파가 없어 걱정이 없다
그래서 마을 앞 느티나무에 그넷줄 잡고
동으로 갔다 서로 왔다
먼 산 하늘 보며 구름 보며
조용히 한가하게 그네 뛰는 것

어부의 일은
갈매기 떠도는 요란한 바다
배 타고 나가 물고기를 잡는다
배의 좌초와 파선이 있어 불안하다
마을 공터 널빤지 깔고
하늘 껑충 치솟았다 땅으로 철석 내려오는
널을 뛰는 것
어수선하고 숨이 차고 바쁘다
그 널빤지는 칠성판이라

전지가위

가지치기하다 잃어버린 가위
오늘 땅속에 묻혀 있다 나왔다
몇 해 만인가?

그동안
자네도 녹이 슬고 늙었구나

세월 이기는 장사가 없다 너도나도 늙었다
좋은 세월 끝난 것이다

꽃나무 타령

아침에 피는 나팔꽃
낮에 피는 메꽃
저녁에 피는 분꽃은
옛날 시간을 알려 주는 꽃시계

무궁화는 꽃 피고 백일만에
서리 온다고 기상예보를 하고
이팝나무는
눈부시게 꽃이 많이 피면
풍년이 든다

자귀나무는 사랑을 알아
해가 지고 저녁이면
잎을 모아 합환(合歡)을 하고

은행나무는 암수가 있어 서로 그려 살며
멀리 떨어져 있어도
물속의 그림자가 비치기만 해도
은행 알알이 사랑의 열매를 맺고
〈

도토리나무는
돌로 쾅쾅 얻어맞고 고통을 받으면서도
먹을 양식을 준다
그것들 그 옛날부터 우리와 동고동락 살아왔다

밀짚모자

해 질 녘
김을 매는데
모기떼가 왕왕 달라붙는다
쫓아도 쫓아도 소용이 없다
얼결에 모자를
벗어 던져 버리니
얼굴이 환해져서
모기가 없다
밀짚모자는 낮에 쓰는 것
저녁에는 금물이다
이런저런 사소한 일 죽는 날까지 배운다

4부 부처님 오신 날

부처님 오신 날

김을 매면서
잡초를 뽑아버리는 것이
살생이라 말할 수는 없지만
그래도 오늘은 부처님 오신 날
부처님 낯과 체면을 보아
호밋자루 연장을 놓고 쉰다
부처님의 가없는 그 자비심이
내 마음을 곱다시 감싸고 있다

동해 파도

모란 모란 백모란 동해에
천의(天衣) 흩날리며 젓대 불며

천파만파
거친 물살 잠재우면서

나는 듯이 이리 오는
백의 관세음보살

백모란 모란꽃이
관음보살이네요

백사장

펄 펄 펄 나는 듯이
파도가 밀려와서
백사장에 좍 쏟아 놓는다

눈부신 금강산이
일만이천 봉
그 속에 부처님이 앉아 계시다

으아리 넝쿨

산길에 기어 나온 으아리 넝쿨
그러면 안 되요 발에 밟혀요
그 넝쿨 사람 발길 닿지 않게
산을 향해 옮겨놓는다
그 짧은 시간 수 분 수 초
내 마음 도란도란
부처님 마음 하고 닿아 있는 것이다

꾀꼬리

오늘은 4월 초8일
이른 아침부터
산사 숲속에서 우는 꾀꼬리
주무시는 부처님을 깨우고 있다
저 도량 빨랫줄에
줄줄이 매단 색등과 백등
산자는 색등 망자는 백등으로 만나는 것 보시고
노소남녀 손에 손잡고
바쁘게 오고 가는
저 인산인해를 보십시오
꾀꼬리가 부처님을
법당 밖으로 불러내고 있다

내장산 단풍

만산홍엽 활활 타는
내장산 단풍잎들이
손과 손에 악기를 들고
북 치고 장구 치고 꽹과리 볶아치며
나는 피리 너는 호적 불면서
부처님 부처님
법당에 앉아 계시지만 마시고 나오셔서
마을 사람과 술 마시고 춤추면서
한바탕 단풍놀이하자고 한다

부처님과 벚꽃나무

부처님이 행차(行次)하실 때
길가의 벚꽃나무
가지마다 철철 넘치도록 만발한 꽃을 보시면서
야 너희들도 고생이 많구나
사람 마음 즐겁게 기쁘게 하면
너희들도 부처님이라고 말씀하셨다

벚꽃나무 이야기

천인절벽 낙락장송도 좋지만
해인사 송광사 경내의 벚꽃나무가 좋다
일 년 365일 범종 법고 목어 운판 소리와
스님들의 염불소리 경전 읽는 소리 들으면서
부처님하고 극락세계에서 사는 것
그 벚꽃나무가 좋다

부처님은 중생제도를 위해 할 일 해야 할 일
하실 일이 수미산보다 많아 고생이 많으신 분
그런 일은 아무나 할 수 있는 일이 아니고
함부로 거기까지는 생각할 수 없고
봄이면 봄마다 만발한 꽃이 피어
사람 마음 기쁘게 즐겁게 하면 좋은 것
그래서 나는 벚꽃나무가 좋다
더 바랄 것이 없다

부처님 미소

손가락 볼을 받든
백제 금동미륵보살님 그 얼굴의 미소엔
온 세상 우수(憂愁) 온갖 시름 걱정 다 머금은
오롯이 승화(昇華)된 미소라
그 미소는 우주의 무게보다
무겁습니다

부처님 발바닥

부처님이 열반에 드실 때
관 밖으로 내민 부처님 발바닥

그 발바닥은
부처님 생존 시
영취산에서 설법하실 때

손에 드신 연꽃을
가섭 존자가 보고 미소 짓던
바로 그날의 그 연꽃이다

석굴암 부처님

내가 진달래꽃 안고 가면
벌 나비와
산도 물소리도 따라와서
나도 심심산천 그 산속 한 자락에
암자 하나 짓고
저 경주 토함산 석굴암의
앉아 계신 그 부처님 한번 모시고 싶다

오체투지(五體投地)

연당의 연꽃만이 연꽃 아니고
티베트 성지순례 하는 사람들
가는 곳마다 마니차를 만나면
마니차를 돌리고
성황당 돌무덤
바람에 흩날리는 오색천 그 소리도
부처님 말씀으로 들으면서
오체투지 하는 사람들
그 걸음걸음마다
연꽃 향기 풍기는
그 사람들도 깨끗한 연꽃 송이다

만유불성(萬有佛性)

돌이나 나무 쇳덩이 조각하고 주조하면
석불 목불 철불 동불이 되고
종이에 부처님을 그리면 불화(佛畵)가 되고
절벽 암벽에 새기면 부처님의 마애불이 되는 것
그것들 낱낱 불성이 있어 곧바로
부처님의 반열에 오르지만

사람은 속세에 물들어 불성이 있어도
백팔번뇌가 있어
수많은 고행 수행으로 공덕을 쌓아야
부처님이 되는 것이다

사리함(舍利函)

풀 이슬 물방울 닿으면
쏟아 버리는 연잎

그 꽃대엔
귀걸이 목걸이 팔찌
걸친 것 없이

꽃 피었다가 살랑살랑
꽃잎 내려놓고
사리함 하나 둥실 물에 떠 있다

원효대사(元曉大師)

원효 스님 요석 공주님과의 관계로
파계승이라고 하지만
그 행동에서 사람의 살냄새 땀 냄새가 풍긴다
부처님도 아드님 아홀라가 계시고
원효 스님도 아드님 설총(薛聰)이 계시다
원효 대사님 밤중에 달게 마신 물이
아침에 보니 해골바가지에 고인 물이라
그 일이 마음에 걸려 몰입몰두(沒入沒頭)하시다
활연대오(豁然大悟) 일체유심(一切唯心)이라

원효 스님 장마당에 나와 덩실덩실 무애 춤을 추면서
그 불심불과(佛心佛果)를 연꽃 송이처럼
행인에게 나눠주면서 "잘사시오" 성불하시라고
말씀하셨다

노스님과 상좌스님

노스님과 상좌스님이 도량을 쓸고 있다
노스님은 비질이 넉넉하고 여유가 있어
먼 산 바라보듯 시원하고
검불과 먼지만 살살 쓸어
스님과 비가 한 몸이 되어
무아의 경지

상좌스님은 비질에 마음이 빠져
멀리 내다보지 않고
눈앞 코앞만 보고 빡빡 쓸어 바쁘다
비질이 거칠고
땅속에 모래알까지 파내 땅도 아프다

노스님의 비질에는 그 삶 무게가 들어 있어
상좌스님이 노스님의 비질을 따르려면
산을 몇몇 개 넘어야 한다

그 상좌스님 마당을 쓸다가
지팡이 막대기처럼 우뚝 서 있다
무슨 생각을 하는지?

금강산 일만이천 봉

서 있는 돌은 입불(立佛)
앉아 있는 돌은 좌불(坐佛)
누워 있는 돌은 와불(臥佛)
금강산 일만이천 봉
크고 작은 봉우리가
오백나한(五百羅漢) 부처님

산골짜기마다 갖가지 꽃
만다라 화가 되고
각종 새들 가릉빈가(迦陵頻伽) 노래하고
금강산은 불국토(佛國土) 극락세계다

돈담무심(頓淡無心)

법당의 부처님
말씀 없어도 항상 말씀하시는
제행무상(諸行無常)
어디서 불어오는 바람인지
어디서 흘러가는 물인지
돈담무심(頓淡無心)
빈손으로 왔다 빈손으로 간다
제악막작(諸惡莫作)이다
선행하고 보시하며 이웃을 돕고
공덕을 쌓으라고 하신다

5부 연꽃 모란꽃

연꽃 망울

연꽃 봉오리 소식 없더니
붕어 입만큼 터지면서
구리동전 10원 은화 50원 100원
500원만큼 커졌다

그 꽃 속은 만뢰구적(萬籟俱寂) 억겁의 고요
꽃 속에 팔만대장경 낱낱 다 들어 있다

낮에 본 연꽃

내가 낮에 본 연꽃
밤에도 가서 보고 싶었지만
그것들도 해가 지면
꽃잎 고이 모으고 잠을 자는 것
밤에 가서 본다면
그 단꿈을 깨우는 것이라
그만두었다
그럴 때는
부처님의 자비심이
내 마음에 와서 앉아 계시다

연꽃 개안(開眼)

꽃잎에 둘러싸여 잠자는 연꽃 봉오리
천수관음(千手觀音)의 손길이 닿아
꽃봉오리 터지면서 만개한 연꽃
꽃 수술 알알이 떨며 흔들며
거문고와 가야금 줄을 당겨 영산회상(靈山會相)을 탄다
음악 소리 아스라이 조용조용 세상에 울려 퍼진다

설산(雪山)

하얀 연꽃은 한 개의 설산
가느다란 꽃대엔
밧줄도 사다리도 없어
올라갈 수가 없다

그 눈부신 하얀 꽃잎
일렁이며 속삭이는 금빛 꽃 수술
향연처럼 이는 꽃향기

그 꽃 속엔 황금 사원이 하나
그 사원에서 부처님과
보살들을 만나고 싶다

백합(百合)

연당 가의 핀 흰 꽃
연꽃으로 알고 가 보았지만
가서 보니 그것은 백합이다
하지만 연꽃들이
마다 않고 흔쾌히 허락한다면
그 백합 여여이 연꽃으로
연꽃 향기 풍기리라

백련(白蓮)

연당에 하얀 연꽃을
백로로 보아
물에 잠시 내려앉은
백로로 보아
그 연꽃 슬슬 부는 바람 따라
수면을 떠나
청산에 한줄기 흰빛 뿌리면서
허공 만리(萬里) 나는 것 보고 싶다

꽃 사랑

모란을 심고 자주 가 본다
사랑도 일이다

물 주고 거름 주고
사랑도 바쁘다

꽃 필 때 비가 오면
빗방울 떨어주고
사랑도 고생이다

꽃이 지면 서럽고
그 사랑 애물단지다

지는 모란꽃

모란꽃이 지고 있다
저도 내 마음

벌 나비도 내 마음
다 같은 한마음

세상 좋은 것 아름다운 것은
그 시간이 짧고 오래 못 간다

왔으면 가야 하고
만났으면 헤어지는 것
정들자 이별이다

모란꽃 이슬

모란꽃의 풀 이슬 물방울
꽃잎 흔들어 쟁반에 받아
임에게 보내고저

백목단(白牧丹) 비익조(比翼鳥)

백모란 꽃에
잠자는 듯 꿈꾸는 듯 저 연분홍
한번 흔들어서 깨우고 싶다

백모란 꽃에 자고 가는 구름이듯 저 연분홍
그 어디든 나도 따라가고 싶다

백모란 꽃에 싸고도는 저 연분홍
그것은 연리지(連理枝)와 비익조(比翼鳥)
잠시도 떠날 수 없는
금이야 옥이야 한결같은 사랑이다

눈부신 모란

모란이여 모란이여 백모란
날더러 어찌 살라고
저리도 깨끗하고 눈이 부실까
하기사 산 넘어 비구름
오다가 말고 멈춰 섰다
저만큼 피해서 간다

백모란의 연분홍

하얀 백모란의 저 연분홍
천 리 먼 길 떠나는 임의
그 옷소매를 붙잡고
놓아라 하지만 나는 못 놓겠네 하면서
하얀 모란꽃에 연분홍이 있었네

하얀 모란꽃의 저 연분홍
달무리 둥둥 떠가는 밤에
산모롱이 외딴집 돌담 아래
두 사람의 만남 두 사람이 속삭이듯
하얀 모란꽃에 연분홍이 있었네

모란꽃 이야기

모란꽃 그 꽃봉오리도 학수고대(鶴首苦待)
꽃 피는 날을 기다렸겠지?
고진감래(苦盡甘來)라
고생 끝에 낙이 온다고
마침내 만발한 꽃
저도 자랑이고 보람 있는 일이지만
흥진비래(興盡悲來)라
내일은 낙화(落花) 지는 꽃
즐거움이 다하면 서러움이 온다
사람이나 식물 그 삶은 다 같은
동심동체(同心同體)다

모란꽃 김을 매면서

김을 매는데 모란꽃이
내 입술에 와서 닿았다

너도 내가 좋으냐
그렇다면 오늘 밤

나도 내 꿈속에
하얀 나비 노란 나비 되어

너를 찾아가 밤새도록
이런저런 이야기하고 싶다

극락왕생

신라사람 광덕이 세상 떠나면서
친구 엄장이에게 '나는 먼저 가네' 하고 알려 주었듯
모란꽃도 저와 나 사이 그냥 갈 수 없어 알려 준 것일까?
마음에 걸려 보니 모란꽃이 산산이 지고 있다

역사가는 저리도 찬란하고 눈부시던 한 왕조가
오늘 처참하고 처절하게 무너져 간다고
흥망성쇠를 말하지만 나는 그런 생각보다
내 사랑 모란꽃 극락왕생하라고 축원한다

모란과 맹인(盲人)

내 집에 모란꽃이 피었다
맹인이 그 꽃을 보러 온 것으로 하고
여기 이 꽃은 빨간 모란, 그 옆에는 연분홍 또 백모란
황모란은 아직 피지 않았어요
저기 등나무 아래 의자가 있으니 가서 앉으시지요
이 일은 공자님이 맹인 악사(樂師) 면(冕)이 왔을 때
"여기는 층계, 여기는 좌석, 그 옆에는 누구누구 앉아
있어요" 하신 일을 흠모해서
나도 내 집에 핀 모란꽃을 두고 한번 재연해 본 것이다
(論語 15篇 衛靈公 41)

6부 사랑을 달로 말하면

임도 산이다

한밤 전화가 왔다
무엇하고 계세요?
혼자 인가요
아니 당신하고 같이 있지
내가 여기 있는데 어떻게 같이 있어요?
남녀 부부 사랑이 그런 것이지
임도 산
산은 어디 안 가고
언제나 거기 있고
항상 그 마음 한결같은 산
밤에는 그 산 오르고 내리면서
선도(仙桃) 천도(天桃) 따먹고
귀여운 아들딸 만드는
임도 산이다

사랑을 달로 말하면

사랑을 달로 말하면
저는 십오야 보름달
나는 초사흘 그믐 조각달

사랑을 수박으로 말하면
저는 왼 통 수박
내 사랑은
쟁반에 쪼개 놓은
그 수박 한 조각

아무려나 내 사랑
태백의 황지(黃池)
검룡소의 솟는 물

주야 곤곤히 흘러도
마를 날이 없을 거요

조끼와 단추

사랑은 조끼의
단추와 단추 구멍
똑똑 들여 맞고

사랑은 저고리의 옷고름
곱다시 매고

사랑은 한 줄 허리띠
밤에만 풀고

사랑은 바지의 대님
그 사랑 한 알 한 톨
새 나가지 않게
발목 꽁꽁 동여매고

그러면 어허 둥둥 내 사랑
땅두깨 홍두깨 사랑이다

부창부수(夫唱婦隨)
- 바늘과 실

여보 마누라
바늘이 실을 부른다
바늘 가는 곳에 실이 따른다
둘이 만나 한 땀 한 땀 정성껏
바지저고리 만든다
바늘과 실은 금실 좋은 부부

여보 영감
도마가 칼을 부른다
칼은 바쁘게 무 배추 다듬고
도마 위에서 송송 썬 소고기로
맛있는 음식을 만든다
칼과 도마는 부창부수(夫唱婦隨)

바늘과 실, 칼과 도마는 주방에서
동고동락(同居同樂)하며 사바세계에 산다

꿈으로 오지 말고

임이여 밤에만 꿈으로 오지 말고
낮에 꽃나비로 오십시오

임이여 수시로 떠나는 구름이 아니고
주야(晝夜) 흘러가는 물도 아니고

금강산 일만이천 봉
그 일만이천 봉으로 오십시오

내 꿈은 사공이 싣고

잠들자 노 젓는 소리
사공이 내 꿈을 싣고 가네

이 나루 저 나루 물 따라가며
님의 집 잠시 대주지 않고

북두칠성 맴돌고
밤이 새도록

사공들이 덧없이
내 꿈만 싣고 가네

까치집

동구 밖 미루나무에 까치집
까치 없어도

곱다시 남아 있는
빈 까치집처럼

사람 가고 없어도
그리움은 여전히 남아 있어요

오디

여보 오디가 함빡 익었소
당신이 그 오디를 먹으면
내 입술까지
진자주가 되겠소

오동나무

여름날 둘이 있을 때
오동나무 오동잎이 커서
그 그늘이 좋았고

혼자가 되니
오동나무 오동잎이
무겁게 내 마음을 억누른다

그래서
그 오동나무 오동잎
다 따버리고

당신이 있는 그 하늘
멀리 바라다보고 싶다

사랑도 장미꽃

사랑도 장미꽃
가시가 있다
시인 릴케도 장미 가시에 찔려 죽었다

그 사랑 좋지만 잘못하다가
그 가시가 바늘이 되고 송곳이 되어
사람을 찔러 피가 난다
사나운 장미 무서운 사랑이다

입맛

내가 당신하고 처음 만났을 때
입맛이 짝짹이었어요
그래서 내 입맛 내려놓고
당신 입맛 따랐어요

그래서 한 몸 한 마음 되고
지금은 아들딸 낳고 같이 늙어요
부부 백년해로 바라면서
떠날 때도 동일동시 동행하면 좋겠소

거시기 거시기

백제 서동이
서라벌 궁궐에서 쫓겨나온
선화 공주님을 만났다

미리 준비하고 다녔던
소중한 가보 옥가락지 한 쌍 건네주면서
더 무슨 말을 하겠소?

거시기 거시기 얼싸안고
짝이 되었다

감자전

내가 혼자 산다고
앞집 사는 여인이
감자부침 가지고 왔다

영상 36도
땀방울 뻘뻘 흘리면서
만든 것이라
더더욱 고맙다

그 고마움 벌 나비 날아와서 꽃에 앉듯
내가 날마다 바라보는 앞산처럼
나를 두고 멀리 떠나지 않는다

저녁 국수

겨울 해가 저물었다
오늘 저녁은 무엇을 해 먹을까?
혼자 살면서 누구하고 하는 말인지

거실에는 안사람의 사진이 걸려 있다
오라 물김치가 있으니
국수 삶아 먹어야겠다

며칠 지나 저승에서
편지가 왔다
"당신 그날 저녁 국수 맛있게
잡수셨나요? 고맙소"

당신도 나이 100세가 넘었으니
머지않아 또 만나게 되겠소
안녕

그것은 남가일몽
꿈이었다

대추씨

대추를 먹어도 대추씨에는
대추 살이 다닥다닥 붙어 있다
내 어렸을 때 할머니 할아버지가 먼 길을 떠나실 때
대추씨 입에 물고 대추씨가 동행했다
문경새재 넘어 먼 길 목적지에 도착해도
대추씨엔 대추 살이 여전히 남아 있어 고마운 대추
지금 내 친구들 멀리 떨어져 살아도
그 대추씨의 대추 살처럼 그리움은 그대로 남아 있다

감

할아버지가 감나무 올라가서 따온 감
할머니에게 건네준다
그 감을 주고받고 일이 끝났지만
할아버지와 할머니 그 마음속
여전히 두 손 꼭 붙잡고 있다
세상 사람들이 간절히 바라는 것
할아버지와 할머니 너도나도
검은 머리 파뿌리가 되도록
백년해로하는 것이다

할매와 산소

할매가 할배 산소에 왔다
당신은 여기서 혼자 살고
나는 저 아래 마을에서
혼자 살고 있소

당신은 날 버렸지만
나는 당신 생각뿐
이런 내 마음 알고나 있소?

산에 가지고 왔던
음식물 들고 쓸쓸히 돌아오면서
언제까지 이렇게 살아야 할지

하지만 내가 죽는 날까지
당신 사진 보며
당신하고 이야기하며
같이 사는 것이다

할아버지와 소와 산

할아버지가 들에 끌고 나온 소
소가 풀을 뜯다가 와서
할아버지 손을 핥고
옷 냄새를 맡는다
너도 내가 좋으냐?
이제는 나도 늙고
너도 늙었다
할아버지는 당신 얼굴을
두 눈 껌벅이는 소 얼굴에 갖다 대고 비빈다
그것은 할아버지와 소의 이야기

할아버지가 뒷산을 바라다본다
내가 어릴 적부터
약초 버섯 따러 다니고
봄에 나무 지게 단에 진달래꽃 꽂고 왔지
그 수가 얼마인지
지금은 너도 나를 기다리고 있겠지
그것은 할아버지와 산과 이야기
할아버지는 소 하고 산 하고 같이 살아서
할 이야기가 많다

7부 동해(東海) 앞에서

동해 앞에서

마늘 쑥 오줌 냄새 출렁이는 바다여
삼재팔난 잠재우는 옥피리 난 바다여
망망(茫茫)한 바다 동해에 섰다

춤 잘 추고 마음 찹찹 처용이 난 바다여
수로부인 제상 부인 애태우던 바다여
청빛 남빛 끝없는 동해에 섰다

석굴암 부처님이 굽어보는 바다여
문무대왕 용이 되어 호국하는 바다여
자자손손 영원한 동해에 섰다

풀잎피리

동식물도
자기의 삶이 있고
자기 이야기가 있다

그래서 풀은 풀잎피리 보리는 보리피리 버들은 버들피리
대나무는 대금(大琴)과 소금(小琴)으로
자기들의 삶의 애환을 노래하고

개나 소, 말, 양이 죽으면
그 가죽 북과 장구 되어
그들의 못다 한 삶
못다 한 한을 노래하는 것이다

은행잎

서릿발에 물든
노란 은행잎은 금은보화(金銀寶貨)
일진광풍에 다 쏟아 버린다

그것들
내 것은 없다
공수래공수거(空手來空手去)

단풍

된내기 서릿발에
나뭇잎 빨갛게 물들 때
아프지나 않았는지
저 단풍잎 정말 고와라

머루 다래 넝쿨

산행(山行)하다 보면
머루와 다래넝쿨
옆에 서 있는 나무 칭칭 감고 올라가
아롱다롱 열매를 맺고 있다
염치도 없다 나무들도 욕심이 많다
저만 살려고 기를 쓴다
그 넝쿨에 감긴 나무는 비명횡사
오래 못 살 것 불쌍하다

이심전심(以心傳心)

나뭇잎이 시들시들 마른다
물을 달라는 것 물을 준다
이심전심이다

산새 날아와서 스님 손에 앉아
먹이를 먹고 있다
서로 믿는다 이심전심이다

내가 청설모와 사귀었다
처음 청설모가 내 손에 앉아 먹이를 먹을 때
그 손이 온통 가시와 바늘이고
두 번째부터는 그 손이 몽실몽실 맨살이었다

이심전심은 사람 사이뿐이 아니고
동식물도 통하면 모두 하나가 된다

혼돈과 정돈

책 신문 잡지 일용품이
산재(散在)한 내 방은
어지러운 혼돈이다

낱낱 하나하나 정리하니
조용해졌다
혼자 살면 일상 이런 일이 되풀이된다
혼돈과 정돈은 난형난제
한 덩어리 한 몸 한마음이다

인류의 역사도 혼돈과 정돈
전쟁과 평화의 되풀이 반복이다

생화(生花)와 조화(造花)

생화 조화 다 꽃이지만
생화는 향이 있어
벌 나비 찾아오고

조화는 벙어리 향이 없어
홀아비 쓸쓸하다

생화는 안고 눕고 잠잘 자리 있어
삶이 안정되어 있지만
조화는 떠돌이 노천야숙이다

또 생화는 씨앗이 있고
아들 낳고 딸 낳고 자손이 있지만
조화는 독거노인 무주고혼(無主孤魂) 가엽고 불쌍하다

생화는 하늘이 만들고
조화는 사람이 만드는 것이다

망향가(望鄕歌)

학두루미여
날개를 빌려다오
그 날개를 달고
북쪽 하늘나라가
그리운 사람들을
만나고 싶다

학두루미여
네가 그 날개를 빌려준다 해도
너무 늦었다
고향 산천 찾아가도
나를 반겨주고 마중할 사람이 없다

저 학두루미 내 마음을 알고
그 날개 그냥 거저 준다고 해도
소용이 없다
내 서러움과 눈물로 젖은 날개
오 리나 십 리
멀리 날지 못하리라

윷판 윷놀이

인생살이도 한판 윷놀이
도가 날지 개나 걸, 윷, 모가 날지
윷가락을 던져봐야 하고
그 윷말 생겨나서 그 가는 행로(行路)
윷판 한 바퀴 두루 돌지
가로나 세로 반경(半徑)만 돌지
아주 운이 좋아 그 윷판 사분지 일만 돌지
행불행(幸不幸)이 따른다
또 그 윷 말 출발해서 끝내 무사히 살아 귀환할지
중도에서 끝날지 전혀 알 수가 없다
시종 쫓고 쫓기면서 잠시도
마음을 놓을 수 없는 삶
인생살이도 한판 윷판 윷놀이다

벌들의 노래

아카시아꽃 한창일 때
그 꿀을 따다 말리는
벌들의 밤을 새워
일궈내는 바람이
여름날의 무더위 가신다 하고

여왕벌이 없으면
마음이 불안해서 떨고 있는 벌들
그 재우치는 날갯소리가
강 건너 마을까지 들린다 하니
그 벌들의 금빛 은빛 나래 발로 부채를 엮어
살랑살랑 바람 불어
내 온갖 시름 다 날려 버리고 싶다

공자님 부처님 예수님

사람들은 인연으로 살지만
우리가 공자님 부처님 예수님을 만난 인연만큼
더 큰 인연 더 자랑스런 인연은 없다
인류가 이만큼 평등평화 자유를 누리면서
공생공존 행복하게 사는 것도
공자님의 일시동인(一視同仁) 부처님의 자비
예수님의 끝없는 사랑으로 잘사는 것이다
그 공자님 말씀 부처님 말씀 예수님 말씀
그 속 알맹이는 다 같은 말
박애(博愛), 제세안민(濟世安民), 유토피아
이상향을 구현(俱現)하는 것이다

물오리

물오리 둥둥
어린것들 엄마 따라
나란히 한 줄로 간다
참 평화롭다

물오리 종종종
모녀 모자 동행하며
어린것들 엄마에게
사는 법을 배운다

강가에 서 있는 수양버들
흐르는 물, 물오리, 자연은 하나
모두가 한결같은 아름다운 삶이다

백로(白鷺)

흐르는 여울물 따라 나는 백로
활 등 같은 날개 저어
반원을 그리며

물 아래 어린 그림자 반원을 자아올리며
수면 상하에서 빚어내는 보름달

백로 날개마다 보름달
한 쌍의 달을 달고 눈이 부시다

민들레꽃

민들레 꽃대엔
하얀 젖이 있다

그 하얀 젖은
신라사람 이차돈(異次頓)이
불교로 순교할 때
나온 것으로

그것은 오롯한 원광이 되어
부처님과 예수님 성현(聖賢)들의
광배(光背) 아우라가 되는 것이다

댕강나무

댕강나무
언 땅 눈 속에서도
녹두 알 같은
파란 눈 파란 싹이
나오고 있다
참 반갑고 고맙다
너도 살아 있구나

너도 꽃이 피면 진한 꽃향기 피우겠구나
모든 생명체는 희희낙락
제각각 자기 삶을 누리는 것이다

채송화

채송화 잎은
낙락장송 솔잎을 닮고

꽃은 꽃 중의 왕
모란꽃을 닮았다

하지만 하늘 향해
키를 키우지 않고
자세를 낮춰
땅만 보고 따라 간다

그것은 노자(老子) 님의 상선약수(上善若水)다
채송화가 그 원리 그 이치를 터득하고 있는 것이다

해당화

연꽃은 꽃 중에 군자(君子)
모란꽃은 꽃 중에 왕
해당화는 꽃 중에 신선(神仙)이라고 한다
해당화꽃이 지고 있다
벌 나비 찾아와서
하루 이틀 더 같이 있자고 조른다
하지만 난감한 일
갈 때는 가야 하는 것
너무 걱정하지 마세요
명년 봄꽃이 피면
정든 님처럼 반갑게
또 만날 것
해당화꽃 한 잎 또 한 잎
하염없이 지고 있다

양귀비꽃

양귀비꽃은 네 쪽의 꽃잎
네 쪽의 꽃잎은 네 쪽의 나비 날개

그래서 하얀 양귀비꽃은 흰나비
빨간 양귀비꽃은 꽃잎에 먹물이 있어 호랑나비다

나비야 나비 청산 가자
그 청산은 옛날 공자님이 수레 타고
주유천하 하실 때 밭 가는 늙은이
장저(長沮)와 걸익(傑溺)에 물어본 나루 문진(問津)?
그 나루는 우순풍조 시화연풍
민초들이 소망하고 갈망하는
인류의 영원한 이상향이다

목련(木蓮)

목련이 피기에는
추운 밤이 겹겹이 있었다
삼동 내내 돋아나온 화관 속에는
뒤져보면 지금도 눈 내가 어리다

목련이 피기에는
별하늘이 너무나 아득하였다
촛불처럼 고이 모은
꽃 심지 한마음은
누구를 향해 받들까
조심스럽다

목련이 피기에는
따사로운 햇살과
은밀한 달이
은촛대 가지마다
꽃불을 밝혀
어둠을 몰아내고 밤을 살라도
하얀 꽃잎 이내 상하고
녹물이 드니

세상에 목련이 피기에는
너무나 맑고 희고 고고하여라

귀촉부(歸蜀賦)
- 江華 傳燈寺에서

달이 밝아서 초롱같이 달이 밝아서
소쩍새가 울었나 보오

어젯밤부터 울기 시작하더니
밤을 하얗게 밝혀 놓는구려

산당에 불빛도 찰피지웠는데
여울목 여울 따라 멀어지더니
다시 처마 끝에 내달아 오는구려

연달아 산과 들녘 풀꽃 나무들
흔적이 없이 속속들이 알알이 다 마르나 보오

지금은 야삼경 산적수적(山寂水寂) 적막인데
바닷물 낱낱 증발해서 물기가 없이
소금산 소금기둥 치솟도록 우나 보오

달이 밝아서 초롱같이 달이 밝아서
천지가 온통 달아 오도록
내처 내처 울었나 보오

8부 달과 구름

나비와 꽃

나는 꽃을 좋아하고 사랑한다
어쩌면 내가 전생에 꽃이었을까
꽃이었겠지
꽃이라면 무슨 꽃일까
개나리 진달래 벚꽃나무에 그 벚꽃일까
아니다 아니다
흰나비 노랑나비 호랑나비다
그래서 나는 이생에서 여전히 꽃을 좋아하고 사랑한다
그런 일 나는 몰라도 하늘은 다 알고 있다

살생유택(殺生有擇)

지구상의 생명체는 귀중하고 소중한 것
하지만 들녘에서 보면
고양이는 쥐를 잡아먹고 뱀 구렁이는 개구리를 잡아먹는다
또 쥐나 개구리는 그들대로 잠자리 풍뎅이를 잡아먹고
사람도 가정에서 닭 돼지를 기르고 있으니
사람이나 짐승, 먹고 사는 것이 살생이다
조물주가 만물을 창조할 때
그렇게 살고 그렇게 죽게 마련이라면
그것은 살생이 아니고 자연이다
하지만 그런 행동을 두고 가(可)타부(否)타
왈가왈부(曰可曰否) 말할 수 없다
공자님이 살생유택이라
잠자는 새 잡지 말고
물고기 잡는 어망 촘촘하지 말라고 한 것은
지구상의 생명 다 같이 평화롭게 잘살자는 것이다
하지만 사람은 연민 인정사정이 있어
몽골 유목민은 해지는 저녁이나
눈비 오는 날은 짐승을 잡지 않는다
그 가는 길을 염려하고 걱정하는 것
염소 아비는 염소 잡을 때

내가 너를 좋은 곳 보내 주는 것이니
다시 탄생해서 잘 살라고 축원하고
멕시코 인디언은 사냥하면서
내가 너무 배가 고파서 하는 일이라
용서하라고 했다

달과 구름

나이 많은 어버이는 비구름
나이가 젊은 아범은 십오야 보름달
비구름이 맴돌면 달이 밝을 수 없다
그래서 어버이는 아범을 위해
적당히 살고 그 삶 끝나는 것이 좋다
어버이는 어버이대로
사대육신(四大六身) 망가진 몸으로 길게 살면
나도 고생 아범도 고생
연로(年老)한 몸으로 앉고 서고 누울 때
고통이 심하면 죽고 싶고 자살을 생각한다
하지만 기력(氣力) 기질(氣質)이 강한
대나무 같은 어버이가 아니고
기력(氣力) 기질(氣質)이 나약한
능수버들이라 감히 그런 행동을 취할 수 없어
어디서 수면제를 구해서 먹고
고통 없이 입적(入寂)하고
잠자는 듯 영생(永生)하는 것이다

인생살이 I

　사람이 하는 일 무슨 일이든 답(答) 보답(報答)이 있다. 산행하면서 산골짜기에서 소리 지르면 산울림이 온다 답이다. 농사꾼이 밭에 씨 뿌리면 싹이 나고 꽃이 피고 열매 맺는다. 그것이 답이다. 먹는 것 폭음폭식의 답은 배탈. 재산탕진의 답은 문전걸식. 남녀의 만남은 사랑. 부부 동침은 아들딸 만드는 것 색(色)의 남용은 골병, 선행(善行)의 답은 복(福), 악행(惡行)의 보답은 불행(不幸), 죄의 대가(代價)는 징역살이, 성공과 실패 잘 살고 못살고는 내가 한 일의 답.

　만나면 헤어지고 왔으면 가야하고 늙으면 죽는다. 세상일 그냥 거저 절로 되는 것은 없고 낙엽이 땅에서 굴러도 아삭 바삭 소리가 난다. 예부터 고진감래(苦盡甘來)요 흥진비래(興盡悲來)라 하고 그 삶 다사다난(多事多難) 일진청풍(一陣淸風) 일진광풍(一陣狂風)이라. 그 끝마무리는 공수래공수거(空手來空手去).

　저 가없는 하늘이 어디든 어디서든 사람 하는 일 다 내려다보고 있다. 그래서 함부로 막 사는 것이 아니고 공자님 말씀대로 일호반점 부끄럼 없이 사는 것이다.

인생살이 II

서울 종로 사거리 신호등
빨간불 파란불이 있고
사람 하는 일 통(通)이 있고 불통(不通)이 있어
살게 마련 죽게 마련
그 삶 달고 짜고 쓴 것은 인생살이의 맛이고
각가지 원(圓) 각가지 각(角)은
각종 사람들의 다양한 삶이다
사람들의 낱낱 희로애락(喜怒哀樂)
애환이 인생살이의 전부
너도나도 비몽사몽(非夢似夢)
꿈나라 들고나며 이 삶 저 삶 사는 것
저 하늘의 해와 달 떴다 지고
오늘 하루가 가면 내일이 있어 내일이 오고
그것이 한세상 인생살이다

어느 여인 이야기

오늘 연꽃 장미꽃이 다녀갔다
아니 부처님 예수님이 왔다 갔다
열무김치, 오이소박이, 계란 한 판, 과일은 키위
플라스틱 반찬통에 양념한 소고기,
한 마리의 황소 두고서 갔다
고맙습니다 고맙습니다
그 고마움 생각하면 잊을 수 없어
내 삶 좋은 일 선행(善行)하며 살아야겠다

주는 마음 받는 마음

주는 것도 좋고 받는 것도 좋다
그 주는 마음 즐겁고 받는 마음 고맙고
그 마음은 다 같은 한마음
그것이 인생살이다
그 마음을 향기 나는 아름다운 꽃이라고 하면
그 마음을 오동추야 십오야 밝은 달이라고 하면
그 마음이 부처님
너도나도 사바세계에서 사는 것이다